لحظه های همیشه

دفتر شعر:

محبوبه بختیار هروی

فهرست

...

دیباچه

در طبیعت شاد و سبزِ شمال چشم به جهان
گشوده، از نوای نمبارش باران، نغمه ی جان

نواز پرندگان، بوی دل انگیز گُل ها ، آهنگ
شورآفرین موج ها و سینه ی مرمرین ساحل
با تنپوشی از گُوش ماهیان و ... در سایه
سار آغوش رشک برانگیز پدر و مادری
مهربان ، انگیزه ی سرودن را در جانم به
ترنم عشق به نجوا آورد .

نوجوان بودم که جان کلام به مهربانی در
سرشتم به سرودن آمد و " لحظه های
همیشه " را در قالب واژگان مجسم کرده به
نقاشی می نوشتم و گاه به گاه وُ نیاگاه در
موجِ خیال نوشته هایم غرق می شدم و در
حال و هوایشان دلانه لذت می بردم .

پس از پایان تحصیلات با هدفی مصمم به
تهران و سپس به کشور کانادا مهاجرت

کردم و همچنان شوق نوشتن را در خود زنده می دیدم، حتی در جلای وطن و برخورد با مسایل و مشکلات مهاجرت و یادگیری زبان جدید هرگز این حس خواندن و نوشتن از من دور نشد، تا این که به جدیت برای ستودن سرودن سر بر شانه ی دل گذاشتم و از چشمه ی آداب ادب به حدِ توانم شیرِ واژگان را نوشیدم به سیراب کردن سرابِ عطشان احساسم !

از همه مهم تر از زمانی که در این وادی پا گذاشتم با شعرا و انسانهای فرهیخته و ادیب آشنا شدم که لازم می دانم از دوستم رضا شوهانی - نقاش و شاعر - سپاسگزار باشم که برای بهتر سرودن ، دلسوز و همدل و همراه من بودند به جلوه و جلای شهود ،

که سرشت حقیقی و عنصر عاطفیِ شعر است ، توجهِ خاصی را مبذول دارم .. و در دیداری که با دوست و همیار دوره ی تحصیلی ام ، طاهره جلالی داشتم مشوق و مراقب و ترغیب کننده ی بنده در این مسیر بودند و فراوان قدردانم ..!

باری امید دارم که این نخستین دفتر شعرم مورد استقبال دوستداران شعر نو قرار گیرد و از صمیم دل و جان آماده ی هر گونه نقد و نظری آگاهانه هستم تا همچون همیشه به پله ای انسانی و عاشق و زیبا قدم فرا نهم ....!

تندیس

به ذوق خیال
در سفر به سرزمین رویا
به دیدارت آمدم

تا بغل بغل از برف
بسازم تندیسی از تو
به گستره ی تنفس دریا
نجیب و ناب
عاشق و بیتاب !

در آغاز شباب بودم
که خون در رگان تاک تنم
به شراب جوشید
از تکامل انگور
ساغری به شادباش عشق نوشیدم
و در بستر نهایی سفرم
به طغیان دریا آرمیدم
از غوغای باد رهیدم
و به زیر تیغ آفتاب
استوار و شکیبا

تندیس رویای خود را
به آغوش کشیدم ...!

پرستو

و ما ...!
در ساحل دریا

همانند پرستوها
خوشا که
عاشق پرواز و آوازیم
چو اوج پرچمِ امواج
کشیده بادبان بر سینه ی دریا
دل چون قایقِ ما را
به آن جایی که:
آب و آسمان تنها شده یک تن
افق را
لانه ی هم بسته ی دل ها
که خاطر را به یاد عشق آرَد
وامق و عذار
وَ
تهمینه
تهمتن را …!

زورق

ذوق دیدارت
شکستِ خوابِ شبانه هایم بود
به تصویر بیدارت
که در دور دست ترین افق ها

نزدیك ترینم دیدرس می نمود
و خیالم
مستانه سر از تو
به هوایِ پرواز
با بال هایی از نسیم
بر بستری از ابرها می غنود .
[بَدرِ کامل مهتاب بودی
با تاجی از ستارگان بر سر
که نگین به نگین چشمك زنان
دستان بیتاب را می کشید
به سمت دستان باز کشیده]

اینك !
بر رامش موج ها
زورق خیالم را
از ابرها بادبان

بادی موافق می راند
با تو در آرامش و نوازش
بر دریای آسمان ...!

هوای تازه

بوی سبزه
بوی گل
عطر برخاسته از سوسن و یاس
بوی دودِ هیزم

شعله های آتش
در اجاق دل شب
سمت تصویر نگاه . !

می کشد در تن من
ترکه ی سرکش تاکِ
در رگان می جوشد
خنده ی ناب شراب
خواهش خاطره هایی که ز نو
رخوت از جان و دلم می ریزد !

من در این لحظه ی بیتاب ترین
در دل بستری از لاله و لادن سرخوش
نازبالشتی پر از برگ گل ارکیده
سر بر آن غرق تخیل دارم
که نخورده باغی

داغ بر لب هایش

گل گلش می خوانند

در هوایی تازه

شعری از آزادی ...!

شوکران

شبی در عالم پُر شورِ شیدایی
نگاهی رام و رندانه
نگاهم را کشیده نرم نرمک سوی میخانه
زدم جامی به جامش از شرابی کهنه جانانه

در آغوش شبی آرام و مهتابی
نفس ها گرم و سرها خوش
ز پُر گشته و خالی آمده پیمانه پیمانه
سخن ها عاشقانه بین ما
می رفت و می آمد
دو دل داده، دو دیوانه !

به خود من آمده دیدم
خیالی بود و خوابی بود
خرابم حال و دل سردم
زدم جامی به تنهایی جام خود
و نوشیدم شرابی تلخ تَر از شوکران -
دُردش...!

شب

با دستانت

لاله های عشق

مرا در بر بگیر

ای دیر آشنایِ من

که خورشید
در کوره راه تاریکی در خواب اَست .

شب است و تنهایی و سکوت
و دستانت را که آغوشند
از لهیبِ هاله ی آتش
در عبورِ از زوزه ی باد و سوز سرما
ارمغانم کن.

هنگامه ی هول و هراس تاریکی ست
مرا با تپش قلبِ لاله های عشق
آشنایم کن.

شب است ...!

خواهمت یافت

پرواز را
هنوز تا همیشه پَر - باز بود
اگر هرگزش را پرنده اَی نبود !

بَر روی شاخه های لخت و یخزده
تصویر گشودن دو بال
خیالم را به پرواز، پَر گشود
باد می نالید و ابر می گریست
ولی خون در بالِ رگ های کبوترم
به یاد رویای پروازت
شهپر به اوج می کشید

اگر چه پرنده ی دلم مُرده بود
اما پرواز خیالم نامیرا بود
خَوب مِی دانم... خوب...
باز خواهمت یافت
باز خواهمت یافت ...!

داوودی

دلم را چون دلت از خود بدر کن

چو ققنوسانه پروازت در آتش

به آوازی رهایش شعله ور کن !

اجاق آتشم را سینه سوزان

چو گلدانی تَرک خورده

که می سوزد به اسپندش شتابان

به مویه لحظه هایش سرد و لرزان

شبان... روزان....

به دیدارت منِ غمگین ترین انسان

دلم را چون دل تو

کاشته از حسرتش گل ها

به داوودی گلش از گل شکفته

سبز و شاد آور

به دوران فصلی از فردا...!

گلشن عشق

می روم خسته و بی تاب ز پیش اَت
که تو شاید روزی

با گُلی پیش من آیی
گُلِ نیلوفر عشق
مانده اَش در مرداب
در جهانی که به جز جبر
ندارد قانون !

در پس پرده ی چشم
خیره مانده نگهِ من هر سو
کوچه ها خلوت وُ من سرگردان
می پرد پلک به دنبال خیالت هر دَم
چشم می بندم و باز
گلشن عشق تو را
در نگاهِ مهتاب
در پگاهِ خورشید
وه چه زیبا که تو را می بیند...!

مویه ی باد

اتاق من
تاریک و کوچك
به اندازه ی تنهاییم دل تنگ بود
با اندوه پنجره اَش چشم

در اسارت گَردِ وُ غبارِ غم
کوچه ها خلوت
ماه در پنهانِ ابر
سینه ی آسمان از ستاره سیاه
و نخریز بی امان باران
ناگه یکیَ مرا خواند
صدایی چون مویه ی باد
کسی در کویری سراب
و جز من دیگری نبود
که در چشم تاریکی
هم چون بومی تنها
شب زنده دار فردایی
از جنس سَحَر بود ...!

مادر

به جستجوی آغوشِ تو
چشمم در آسمان در پروازست
نامت حکایتی است
که از همهمه ی اختران می گذرد و

قدم بر تارکِ وجودم می گذارد
نَفست یادآورِ گرمترین گرمای شراره
پردیس نگاهت
آبستن هزاران غنچه
ای مقدس
ای مادر
همیشه در
قلبِ منی ...!

نگاه

بار دیگر
در بلور سایه روشن ها

فسونگر می بَرد دل را
شُکوهِ رنگ رنگ نازِ این گُل ها
به ساز وُ با نوای خوش نسیمی شاد
که می شوید غبار خاطراتم را کشیده نم
و می بارَد ز چشم ابرهای شوق
بر اشك و به آهِ لحظه ی لمس نگاه من

تو ای خاموشیِ شب های رویایم
به روزن روزن چشمك زنان صبح در راهت
به نامفهوم گنگ دام دامش طبل
با خزانِ قول هایش زرد
وَه چه سبزم
با هزاران در هزارش برگ ها دلتنگ
دیگر بار ...!

پنجره

آه ... ای باران تردید
ابر اشک هایم را ببار

بگذار گلویم بغضش را
به وسعت سیلابت
سیر دل بگرید ...!

دلتنگِ چتر لحظه ها
از حَسرت آهم آبستن اَست
کرور کرور ببارانم
قطره قطره ات را
تا پاک کند قرارم را بی تاب
از پشت پلک پنجره
که قدم بزند خیالم
در چکه چکه ی شکسته ی اشکم
خیس
خسته
خاموش و تنها ...!

تشنگی

هر شب که با یادت تنها می شوم
ققنوس خیالم

آتش به ترکه های وجودم می زند
و یاد
دستانی که قلبم را
سالیان پیش
در دستانش فشرد و رفت

شب را با یادت صبح می کنم
روز را
که از هزار شب
تاریک تر است
تاریکی محضی که
به سرابم سپرد
از تشنگی ها

هیچ ندیدم
خماری چشمانی را

که مست نگاهم باشد
به صد پیاله ی خالی ...!

نیلوفر عشق

گر چه در خانه نشانی ز تو نیست
در دلم گلخانه

یاد نیلوفریت می پیچد
پیچ در پیچ
به موسیقی ی سبز باران
در درون قفس سینه نهان .
هان ...!
ای زجام لب ماهت نوشان
شب به شب جام به جام
به لب تشنه ی من لاجرعه
ساغر مهر و وفایت برسان
شامگاهان مرا خلوت و سرد
ماهتابم تابان !
نور امید به قلبم تو فشان
ای که یادت با من
هر کجا ... هر هنگام
بسته در خانه ی دل نقش و نشان ...!

دَم

من چرا من نیستم !؟
خامُش و سردی که خاکستر
داغزارم دل ولی سرکش

شعله ور اخگر
سینه می سوزاندم یك سر !

گر مرا عشق است و تنهایی
خوش کشد رسواییم در بر
مانده آهی در دلم دردش
سوزدم داغش به خاکستر

دَم مرا و بازدم هر دَم
در رگانم آتش عشق است
آتشینش خون به دل جاری
من که من هستم ...!

* دَم = لحظه

پگاه

زمین
آغاز صبحی دیگر را
با مِه کهنه وُ لزج

چهره ی خمارآلودِ درختان
اشکِ بی اختیارِ باران
در روزی تاریک و بی معنا
خمیازه می کشید .

تابشِ خورشید
در آسمانِ جانم
آتشی بود
که یخ های وجودم را
یکباره
آب می کرد
به برقِ داغِ نگاهش ...!

اشک شوق

پرندت
پرنده ی سپید سَحری ست

بر شاخه ی شبانه نگاهم
در تاریکِ پشت پنجره !
زمزمه ی باد را می شنوم
و تشویش ماه را
که چهره می بازد
از هجوم ابرها
و دلتنگ رایحه ی خیالت
چنگ تاکی ست
که بر گلوگاهم می پیچد .
ای بلندِ آرزویم
بر سینه ساقه ی کشیده ی عشق
خوشا باران را
که قاصدك نم نَم سرانگشتانش
تاریكِ پنجره را می شوید !
و در شبتاب امشب
چشمم غرق اشك شوق است

نشسته بر شاخه ی شبانه ی نگاهم
پرنده ی امیدت
پرندِ سپیدِ سَحَرم ...!

نشسته بر شاخه ی شبانه ی نگاهم

نگاه زندگی

آهت را نای نی اَم می نواخت
غمسرودی که به شرارش

جانم را به خاکستر می سوخت !

آشیانِ تپش و تلاتم بودم
در لحظه های سرگردان کوچه ها
به آوارگیِ نفس نفسِ آغازی
که خاموشیِ لاله زارانم را نگاه
با پلکِ زندگی فریاد می زد .

مرا غرق دریای گلبرگ ها
به کُنجی از گلخانه ی قلبت بخوان
با ضربان مضطرب دلم
در بستر شقایق زار سینه ات
به خاطر زلال شبنمِ خاطره ها
طراوت خیسِ لحظه ها
آرامش بارش باران باش
به سرسبزی ملموس زندگی

مرا ...
مرا ...!

گل بوسه

دخترک رؤیاهام
ندا می دهد نجوای درونم را

پوشیده در پیراهنی از مِه
پشت نما
با تنی از حریر
رنگینرقص ... به رنگ رنگین کمان
در زلالیت نم بارشِ باران
و کبوترانه می رقصد با تو
طوقش زرین و سینه ای سیمین
با اشتیاق ... بی پروا ... بیتاب ...
از صمیمِ جان
نگاهت در نگاهش
به گُل می شکفد ناگاهان
در برهوت بیابان
و چه شیرین ترنم لبخندِ نفس هات
گلِ بوسه می چیند
از ندای نجوایش مهربان ...!

شقایق

در اتاق کوچک رویاهایم
آسمان گرفته و عاشق
مثل نگاهِ عشق

آرام
آرام
بر لبه ی پنجره می خرامد
و لغزشِ نسیم
انسانِ مه آلودیست
که در میانِ خواب و بیداری
که بیدار خواب
به درونِ می خزد
و بر لبِ خاموشم
بوسه می زند

در خیالم
شقایقِ عاشق به آتش
می روید در درونم
و آواز پرنده ای
زندگی را فریاد می زند ...!

ماهی

همه تشویش من این است
که نبضش نزند عشق و بمیرد عاشق

ندهد گُل بویی
نسراید بلبل
و بماند در دل
حسرت شاپرك پروازم
بال و پَر تا بازم !

نگرانم نگران
تا تو را هیچ نیابد نگهم
نه که در چشم طلوع
نه که در خواب غروب
و نه در بوسه ی ماهی به لبِ-
ساکتِ آب
ناز برخاسته بیدار از خواب !

تنگ و خسته است دلم
که چرا آتش عشقی به رهی روشن نیست

واژه ها ساکت وُ بشکسته قلم
مانده از دَم آدم
این چنین غم به دل وُ اشك به چشم
خالیش از اندوه
دل پُر از غصه و غم !؟

سایه

در سپیده دمان
با آواز پرندگان
لباسِ خاطرات را بر تن می کنم و

بتو می اندیشم
که در غروبی
خسته و تاریک
به چشمانت خیره شدم
چشمانت با چیره گیِ گناه
در آمیخت
نگاهت رنگِ مستی
گرفت
و آغوشت بوی عشق
داد ...
رنگ پریده ی مهتاب
نهانگاهِ سایه ی آغوش را
نمایان کرد
و در گذرگاه سینه ی عشق
لبی بر لب پر نیاز
لمید ...!

مرداب

تپش ِ قلب
به دیدار ِ نگاه ِ لحظه

شوقِ یک لذّت دیرینه به راه
فوجی از دُرنا را
در دلِ آبی ی من پَر میزد
منتظر منظرِ آرامِ صبورم بی تاب !

عشق از کوزه ی دل
خیره بر ساکتِ مردابِ خموش
خسته و خواب و خراب
جامی از مهر و محبّت
به لبِ او می داد .

گلِ نیلوفر را
با نوای غوکان
لحظه را پاکوبان
در نگاهش آبی
غرق در شادابی... می رقصاند !

زلال لحظه ها

می روم با کوله بار خواستن
در هوای پاک کوهستان
سبزه ها شبنم زده شاداب
گل ز گُل باز آمده خندان

از نفس های نسیمی سرخوش و بیتاب !

آسمان با سینه اش سیمین
طوق خورشیدی به گِردِ گردنش زرین
آبیش تنپوش وُ در آغوش
فوج فوج مرغ ها آزاد
بال و پر بگشوده در پرواز
عاشقانه لانه می سازند
در دل سبز درختان
نغمه گر پُر شور وُ غوغا
سرخوش از آواز !

وه...!
چه خوشنودم من از این کوچ
از زلال لحظه ها سرشار
کوله بار خواستن بر دوش ....!

باران

شبی مستِ دقایق
آمدنش را نفس نفس می زد

در چشمان خمار علف ها
بستر شبنم زده ی خواب را !
گلاره ی نگاه
بهار گلایه را
از پر مرغان آشیان می ساخت
به آواز زنجره ها
رقص پرواز را
بَر پنجره ی شب
با ضرباهنگ سرانگشتان امید
ترمه ی آوایش را
به نرمه های پرنیان پوش ابر
بَر دریای موجخیزِ دل
اشکبارِ اشتیاق باران را
بَر گونه ی منتظر پگاه نگاه !

منتظر نگاه

امشبم در بَر این گلدان ها
با نسیمِ نفس اطلسی و خوشه ی یاس

غرق رویا و خیال

تا بگویم شعری

که تو را منتظرم

چشم در راهم و تصویر تو را

متصوّر به کنارم بینم

سایه واری که چو افتد نگهم در نگهش

همه ی گلدان ها

خالی و خشک پُر از گل گردد

تا نشانم سر راهی

که تو را منتظر ست

چون دلم در خبر است

که تو پیشم آیی

و به دستِ گرمت

زیر پایم ریزی

دانه از مهر و محبت به وفا

تا گُل عشق دهد چشمانم
که تو را چشم به راهند هنوز ...!

مادر

دلم میخواهد اشکهایت را بزدایم
و با تازه ترین گلبرگ های رُز

گونه هایت را رنگ ارغوان بنشانم
در رویای قشنگی
شیارِ دستانت را
که سخن به مهر و محبّت دارند
به گلبوسه ها بفشانم

مادر !
به حُرمت شیره ی جانت
که در رگانم جاری ست
هدیه ی لالای آوازی ست
غنچه اَم را افتخار آموختن
از غنچه به گُل شکفتن !

اینک !
خاک را به بوسه تشنه ی ترانه
آب پاشی می کُنم

برگ برگِ گلبرگم را فرش پایت
ای سرآغاز پایان ابدیِ عشق
مادر ...!

برگ برگِ گلبرگم را فرش پایت

نگین

خیالم را رها کردم
تا انتهای پرواز
به چشم اندازِ جنگل

در هوایِ مه آلود وُ
نسیم وُ باران .

سَرِ راهْ
صنوبر ، خمار
سَرو با قلقلک باد خندان
بیدِ مجنون به نوای نسیم پایکوبان
بر سینه ی سر سبزِ زمین .

صنوبرِ خمار
سَروِ آزاد
در پرواز و آواز
مثل رویایی
در نگین سبز چشمانت بهار را
باز می یابد ... باز ...!

شراره

بگذار ... نگذاریم
شعله جان دهد

خاکستر و سرد گردد !
تا هستیم
از رقص شعله ،
گونه سرخ کنیم
آسمان شب را
از عشق
پر از نگاه !
برکه ها را دریا
شب تاریک و بلند را
پر از امید !
و در شرابی مهتاب
چشم آسمان را
از شراره ی عشق
آتشین نمائیم
پیش از وزش باد ...!

دیدار

به پریشانیِ این دشت غریب
منِ گم گشتَه ی آواره به خاک
قصه ی ساده ی عشق
در نگاهم مبهوت
خسته و آزرده !

لیک
تنهاست در این خاک غریب
نه به رَه نور امید
نه به جان لذت ذوق
نه به خاطر یادی
مانده اَش فاصله ها
در نگاهم
چو گُلی افسرده ...!

به صبا گو که به زنجیر وفا
گامِ آهسته بر آرد
به عدالت نه ریا
تا دگر برگی نیفتد بر خاک
نگهی مات نماند به رهی
شوق یک لذت دیدار
جدا از شاخه

زردِ و بیجان به زمین افتاده
زیر پایی نشود دلمرده ...!

لالایی

در شب سرد ،

طوفانی

دهشت انگیز و سهمناک

بادِ عصیانگر

زوزه کشان

می بَرد از کُنج شاخه ها

لانه ی پوشالی وُ

اجسادِ خشکِ مرغان جوان را

چون اسیری در زنجیر

می کِشاند

از پایَ بوته ها

بر دلِ صحرا

برگهای زردِ و خفته را .

مرغِ مادر

در تاریکی شب

با نگاهی درد آلود

لغزیده اشکش زیر چشمان

سر می دهد

لالائی اندوه را
در شبی که
ستاره ها چشم بر هم بستند
ماه مُرد و
آواز در گلویِ پرنده
یخ زد ...!

زندگی

بیرون باران قشنگی می‌بارد
و این نوازش برای دلِ خونین باغچه -
مرهمی رویینه به روییدن است

تا ققنوس طبیعت
به آغوش سرو کاشمر
در پرواز خود بسوزد
و با آوازِ سبزش بَر خیزد ...!

آسمان دگر باره یکدست و آبی
خالی از سوگ پرستو و قمری
در قلمروِ سایه سارِ سینه ی سرو
در باورِ باروَرِ آرزوهای سبز
بال در بال
آشیانه ساخته
سر می دهند سرود زندگی را ...!

زلال

بگذار ابر
تُند و بی پروا
بکوبد پایکوبان

به تندر باران

غم از رُخ پنجره بشوید

به دیدار مهتاب

به ترنمی بی پایان

از زلال قطره هایش بیتاب

لحظه ها را جوان اَورد

دست افشان

با شنلی سبز

بر شانه های دشت

و تاجی از گل رنگین کمان ...!

شکوفه

دل من
یك هوای تازه می خواهد
به وقت برگریزان هوس انگیز پاییزی
به روی جاده ی نمناك

در هوایی پاك
باد با خود برگ ها را می برد
خش خش كنان می خواند او
آهنگی از فصل جدایی ها !

سراسیمه هوس دارم
كه تا من در هوایی پاكِ و با ادراك
به رفتن بی درنگی می روم بیتاب وُ
بُگَذشته ز سردِ سایه ها غمناك
رسیده تا به اوج انحنای سبزِ اندیشه
كرانش بی كران بیشه
كشیده در دلم ریشه !

كنار ساحل دریا
گشاده دست و بی پروا
كه می شوید سیاهیِ از روان وُ

شاد می روید مرا بَر شاخه های تن

شکوفه خوشه خوشه

گل به گُل بشکفته در گلشن ...!

شاد می روید مرا بَر شاخه های تن

خیال

قفلِ سکوت شکست ...!
از هلهله ی آونگ ثانیه ها
به گرمخند باژگون لاله ها

رُخ فشانده در دامنه ی کوهپایه ها
به شادباش خُنک نم نم باران
در انتظار ... بیقراران !

در رویای خیالم
سمندر !
فرزند آتش
خزیده در کوره ی دشت
کشیده زبانه سرکش !
به رنگینرقص پروانه ها
گِرد سَر گل های وحشی
فریبنده ... افسونگر
به آهنگ نسیم
در هلهله ی آونگ ثانیه ها ...!

خشم

رو به رویم
زایش و رویش دیگری ست
در جمع سیاووش های گلدان
از سینه ی خشک افق

بر لب ِ تشنه ی خاک ،
تمنای َآغوشی
که در جانم لرزه نشاند
از نفس گریه ی بغض آلود کودک
به مکیدن قطره ای شیر
به قصه ی بی نانی سفره
در رگ های خشک ِ مادر !

شاید ،
شاید روزی
آه ِگریه ی معصومی
از ِگرسنگی
دامنگیر شود
با غریو ِ زهرآلود وخشم آگین
بر آونگ ِ زمان
و تراوش ِ زندگی دوباره را ندا دهد

در پیکرِ خواهشِ آستانِ عشق
به میلادِ آغوش دیگری
در بهار رویش ها ....!

ترمه

باد به نرمی
با نفس نسیم
پنجره را گشود

و در ترنم شوق نگاهم
پیکر لرزان مِه
به درون خزید .

بازتابِ مهتاب
در ترمه ی سیمین هوا
بالرینی بود
که با سمفونی دریاچه قو
در شبی سر مست
با چشمان نم زده
می رقصید
گوئی ... او
جاده را گم کرده بود   ؟
باد با طرح لبخندی
پنجره را رو به رویا گشود
و او

به آرامش نسیمی
به درون خزید ...!

پرچم

زخم را فریاد می زد
در فراسوی تنگدستی
از کویر نگاهش
به واژه ی هراسانی
در تصور بی نانی سفره

درتپش اشک در هاله ی چشم

شب !
در چشمانِ خسته وُ خواب آلودش
در زلالِ اشک
به تمنای تکرار ترانه ای ناتمام
آقا بخرید ... خانم بخرید ... خبرهای
امروزه ...!
[در اندیشه ی بیات سفره به نانی گرم]
که سیر کند همه را
و شاید به رنگ پرچم خاک
[رنگینش به سبزی و پنیر و گوجه]
به اندازه ی رویای قلب کوچکش
در کاسه ای پُر از سیری ...!

هوای تو

بگذار تا آسوده نهم سر به سینه ات
تا که بشنوی گریه ی پُرسوزِ دلم

قبل از آنکه آفتاب بِدَمد
دشتِ آسمان پُر شفق شود
قبل از آنکه کبوتری
پَر باز کند بسوی تو
پرواز کند .
بگذار تا بگویم اندوه دلم را
که عمریست در هوای تو
مرغِ پَر شکسته وُ مانده در دام توأم
از آشیانه ی خود جدا وُ غمین
چشم دوخته به راه وُ در انتظارِ توأم
تو آسمان آبی عشق منی
من کبوترِ بال و پر چیده ، در هوای توأم
بگذار تا که پرواز کنم بسوی تو
شاید به کوی تو بعد از چندی بِرِسم
بگذار تا لب بنهم بر لبِ جام تو
بنوشم شرابِ ناب از لبان تو

بیمارِ توأم ! ای عشق

بگذار تا سر به سینه ات

آسوده نهم

بگذار ... بگذار ...!

بذر آرزو

بیکرانه دشتی ست ...شب
آسمان از رویش ستارگان
چشمک زنان

ستاره ای گره می خورد
با نگاهش در نگاهم
ماهی خاطرِ من
غرق امواج دریای دیدارش
و غنچه وارش لبان
که گلبوسه می ریزد بر لبانم خندان
با نقره ریز حلقه ی دستانش
در پیچ و تاب گیسوان افشان .

چه شبی ست !
نه ، شب نیست ... دشتی ست
که بذر آرزو
چشم دلم را مهتابی می رویاند
بر نرمه های ابر
رنگین ... به رنگین کمان
و از راه رسیده سپیده را ،

که با بذر آرزو
ستاره ی بخت مرا
می تاباند در نگاهم
چشمك زنان ...!

بغض

در مسیر نفس باد بودی
سرمست و خوش خیال

در آرامش آبگینه ی یادم
بیتاب و بی قرار
نشسته در کنارم کبوترت
با خود هدیه آورده بودی
با نسیم شمیمی دل نواز
از خوشه های یاس
بر سپیده ی پرهایت سبك بال .
با حبسم نفس در سینه
می بوییدمت به هراس
مگر نگریزی به کوچی
نگشایی پر به پرواز
که هر دَم و بازدَمم
راز رهایی بود
زنده به آوازِ و نیایش نیاز .

نیستی وُ در یادم هستی

تا بغض گلوگیرِ دلم را بارانی
به ساز عشق
گره بگشایی تا همیشه
دیگر باز ...!

وطن

می نماید به نگاه

از پسِ پنجره ها

سر کشیده ز بَرِ ابر سیاه

ماهُدختم ایران

بی گُنَه رفته که خاکش به تباه .

کودک گریانم
نه به تن جامه ی گرم
نه که بر سر سقفی
خسته و خفته به شب سرد و سیاه
سوزدم در تب دلشوره به آه !

جمله جمعند به تاراج وطن
تیز دندان و پر از مکر و فریب
چه حریص !
در نگاهم که به خون می گرید
خسته از غربت و در خانه ی خود
خانه بر دوش و غریب ....!

آفتاب

... سپیده دمان
با بازدمانِ نفس اَت

بر نازبال کبوتران شهپر می کِشد
ای الاهه ی* آفتاب ...!

به نگاهت سوگند
که سفر به آستان مهر دارد
در نهانگاه سینه اَش
رشک برانگیز گنجی بدخشان
در مجری دلم بی تاب ...!

خوشه ... خوشه ...
چمن ... چمن
چمان ... چمان
خفته در آغوش دشت
با تنپوشی از بوسه ی شبنم
بیدار ... به شادباش سپیده دمانند
با طرح لبخندی عاشق

بر لبان الاهه‌ی آفتاب ...!

* پ . ن :
* الهه .

آینه

من آنجا بودم
که خمیازه می کشیدی
سبز شدی
گُل گشتی

۱۶۵

آینه به گنجینه ی نگاهت شدم
به من خندیدی
کم کم بزرگ شدی
عشق ... غرورت را شکست
آینه شکستی
نگاهم شکست
تکه تکه اَم چشم شد
پنجره ی نگاهم
تپش قلبم گشت
و هر روز خورشید به آفتاب دمیده
تکه های وجودم
بر تو می تابید ...!

دریچه

کهرباست چشمانت
نماد جذابه‌ی نگاه

بگاه هـم آغوشی خورشید و شب
به تمنای دولت عشق .
تو !
ای سفیر خلوتِ خواستن ها
مهمان کهکشان شُگَون
در شراره ی رامشگر ابرها
به دریچه ی آسمان خیال
که شیدایی نجیبی ست
در هاله ی رستگاری
به پرواز پروانه ی رنگین کمان

در غروب بیقراری
تابش پاییز عشق
غوغای چشمانت کهرباست ...!

لحظه های همیشه

شب
پشت پنجره
با نوکِ پنجه قدم بر می داشت

خمارِ نگاهت غنچه ی نیمه باز
چون گُلِ نو شکفته در گُلزار
و نسیمی که عطرِ تو را
در تنپوشِ حریر رویاهایم
دیوانه وار می وزید .

تو ...!
ای پرستوی من
گستره ی پروازت
به کدامین سَمتِ آسمان بود ؟
که بهر سو می نگرم
ابرها نشان از تو دارند وُ باران !

بیا ...
بیا ، زلال نگاهت را
در لحظه های همیشه !

بی پروا
چون بارانِ برهنه
از روزنِ ابرها
بر لبِ تشنه ام
وَ به عشقِ دریایی ام
ببار
که سبوی نیازم پُر از خالیست ...!

رویای شیرین

هوا باز است و روشن
آفتابی

زمین پوشیده تن پوشی به رنگ یاس

از برفِ زمستانی

صدای شُرشُرِ آبی که می آید

گمانم برف می شوید سر و رویش

به زیرِ آن نگاهِ گرم خورشید زمستانی

به روی جاده هر سو بنگری برف است وُ

برف ها می بَرند همراه خود

خس وُ خاشاک را

گلو تَر می کنند گنجشک ها

در آبگیرها تشنگی را

تا به پرواز .

بسان کوزه ای من می گذارم

غم تنهائیم را

بر سَرِ دوشم

تا قدم آهسته بردارم

مگر با پای لغزانم
نترسانم دو سنجابِ نشسته -
در کنارِ جاده را جانم .

چه رویایی
پُر از عطرِ گلِ یاس
شده خوشبو ، جوان و سبز
لمیده روی یادِ من
خدایا من کجایم ؟
من کجا ؟
که طعمِ تازه‌ی انگور
نشسته این چُنین بر روی لبهایم
مگر
رویایِ شیرینِ من است این
خواب می‌بینم !؟ .

باورها

در کنارم نیستی ، نبودنت ، باورم نیست
از آنچه به سر آمده مرا ، باورم نیست

دل را آنچنان به تو سپرده ام که هنوز

صدای نفست در گوشم وُ ، باورم نیست

به باغِ رویا بردی مرا به ترانه ای
چو آبشار بر تنم گُل ریختی وُ ، باورم نیست

نسیم نفست عاشقم می کند جانم
شورِ عشقت را به دل دارم وُ ، باورم نیست

خیالت را در آغوش به سینه می فشارم
به همراهت نفس می کشم وُ ، باورم نیست

ببین چه آشفته و پریشان حالم کنون
دلخوشم به وعده های تو وُ ، باورم نیست

ای عشق بیا وُ در هوای ناباوری ها
باور تو کُن باورهایم را که، باورم نیست ...!

دُردانه

من عاشق و دیوانه
دیوانه ترین عاشق

دنبال تو دُردانه

بر هر در و میخانه

من خالی و تو لبریز

چون ساغر و چون ساقی

گر سنگ زنی پایم

از کوی تو نگریزم

ای تازه تر از هر صبح

عطرِ گل ریحانه

دیوانه ی کوِیَت من

افسانه ی هر قصّه

فرهادی وُ شیرینم

بر عهد تو پا بندم

با یاد تو دُردانه

مستانه ترین مستم

در پای تو بنشستم

از مهر تو خرسندم

از هُرم نگاه تو
آتش شده کاشانه
می سوزم و می سوزم
از عشق تو دُردانه ...!

خزان

صدای خِش خِشِ رنگینِ کمانِ برگ ها
از دامنِ چین واچینِ فصل خزان
پُر شده همراه آوازِ سپید عشق
در تَرنُم سازِ دل آهنگ !

صدایِ پچ پچِ یک جفت قو
که در تالاب می خوانند
به تکرار
درس محبت را
شیرین و لطیف
لمیده نرم وُ آرام
تن به نغمه خوش مرا دلتنگ .

سراپای وجودم لرزان
در پیچ و تابِ لحظه ی دیدار
خسته از هجران
نگاهم در دلِ پُرتابِ جنگل
با برگ ها و خار و خَس
یک کلبه ی زرّینی از
پاییز می سازد ...!

رود

دانه
دانه
بذرهای مهر را
با جان و دل

در سینه پاشیدم

قطره

قطره

قطره

با باران اشکِ عشق

سیرِش آب ... نوشیدم !

سبز بود ... افسوس ... زرد آمد !؟

پَرپرش گشته گل زیبای عشق

مُرده اَش از هم جدا پژمرده پیوندش !

که غمِ را پشت لب

با درد می خندید !

وه ...

چه معصومانه ما

از هم جدا گشتیم....!

آه چون گویم !؟
ناز و نرمانهِ نسیمی بود
آمدش زوزه کشانِ تندر
رُود بود و مهربان جاری
ناگهان شد یکی طوفان
که با خود یادگار عشق ما را بُرد
از یاد زمان
بی رحم !!!

باغ

به دیدارم بیا در باغِ تنهائی
که عریانست تنِ احساس من
بیار یک جامه ی زیبا

بپوشان بر تنِ ادراکِ من ،
لباس ساده ای
با نقش هائی از گلِ لادن .

بزن بر گیسوانم ،
شانه ای از جنس نور وُ
گرمیِ خورشید
طرحی از یک شاخه ی رُز .

بِگُستر بالِ پروازت
بیا وُ لانه کُن
بر لبِ بامم
به تن پوشِ تصوّر
لحظه های خلوتم را
پُر حضورش کُن ...!

جوانه

طرحِ خاکستری رنگِ درخت
با نگاهی متروک

در دل و دیده ی من
سایه فکند .

سبدِ مهر و وفا
سینه اَش گهواره
در تپش بود به عشق
با دلِ دستانش .

آسمانی ابری
سینه ی سُربی دشت
شاخه شاخه لُخت اَش
تهی از بال و پَرِ پروازی
نخنما تنپوشی
بر طلسمِ تنِ افسون شده ی عریانش

طرحِ خاکستریِ رنگِ درخت

آفتابی روزی
با شبی مهتابی
جامه ی شوق بهاران بر تن
به ترنم ، به ترانه ، آهنگ
می شکفد به جوانه جانش
در دل و دیده ی من
با نگاهی روشن ...!

قایق

ساحل آن روز
لب بر لب آرامِ دریا
بوسه به رامش بود
در بال بال ترانه ی مرغان

که گوش ماهیِ گوش هایم -
به آهنگ می غنود
از دیروز ... تا هنوز ...!

آن دورها
ناگهان !
تندری به توفان
موج در موج سر بر اوج برکشید
سینه ی آب در تنش و تپش
زیر و بم...کج و مَج
قایق را به طغیان می کوفت
در هم شکست و با غریبانه -
سر نشینش
به رسوب کشید .

با من ... تنها... من بود

با دلی کَنده ... که دیگر او نبود !
و در بهت نگاهم
حتا ... رَد پایش را بر شن ها
آشوبِ آب می ربود .

در ساحلِ آن روز
از دیروز ... تا هنوز ...!

ترانه

نوشخند لبانت را
در جام لاله ها می نوشم
به نوشخند سَحَر ، پویا

در باغِ مهتابیِ خیال
ماه را
خوشه خوشه ستاره
ریخته در سینه ی آب
برکه اَش را گرم رویا
با بوسه های مرتعش بر لب
در نگاهِ خواهشِ من گویا
تصویر زیبای تو را !

با لذتی سرخ از شادی
ترانه ای آتشگون
در رگهایم می دَوَد
و شقایق قلبم
پیاله اَش لاله
نغمه نغمه داغش لبریز

می نوشد نوشخند کهکشانت را
به تنهاترین ستاره ام ...!

کوچ

در تب و تاب !
تنها مسافرِ تلاطمات خویشم
بشتاب و بیتاب
تك تاز
سوار ...

بر سمندِ چموشِ موجَ موجم بیقرار
فصلی را به فصلیَ دیگر
با کوله باری از غربت پُر
از توش و توان خالی
به طنین هدیه خاطراتم
به ترنم تکراری تنهاییم
که بیدارم را ... خواب می بینم
با دانه ی عشقی
کشیده ریشه در مشت
که بر بال خیالِ چلچله ها
بهارِ جوانه اَم
کوچ می کند
فصلم را به وصلِ خانه و خاک ...!

ستاره

شب
ساکت است و آرام
به منجوق دوزی باران
ماهِ کولی به رقص وُ

راه شیری خندان !

در هجومِ سفر
ستاره در سقوط بود
وَ از سویِ دیگر نگاه را
لبریزِ از عشق می غنود !
هاج و واجم
گویی باید آرزویی کرده باشم .

در مسیرِ نگاه
بال به بال آسمان زدم پیوند
با لب ها
در کمانِ لبخند
که بذر ستاره
دانه به جوانه
نهالش قد می کشید

در ساکت آرام شب
به منجوق دوزی باران ...!

شب رویاها

شب هنگام
در آسمانِ رویاهایم

دست هایم را به باغچه می سپارم
و شورانگیزترین شعرهایم را
در ملحفه ی شبنم ها می پیچم
تا در زمان چیدن سرودم آن را
از بهترین واژه های عشق بچینی

تو ای آشنای دیرینم
ماه من شو
و تا بیکران های سرزمین رویاییم
بر من بتاب

مرد قصّه هایم شو
پیشانی آسمان شعرهایم را بخوان
که واژه هایش
به آهنگ امید می رقصند
و در پرچین نگاهت

لانه ی عشق می سازند
تا شب هنگام
با تو به خواب روند ...!

میعاد بنفشه

آنروز
تیک تاک ثانیه ها

در آهنگِ تقسیمِ زمان
و در آستانه ی آهی آرام
میعاد بنفشه را
در سکوتِ چشمِ پنجره
نظاره کردند
و خنده کنان
رنگین کمانِ شعاعِ خورشید را
در مسلخِ شادیها
بر تنِ برهنه ی گذر گاه
تقسیم کردند
و خاطرات ناخوانده
در لحظاتِ سکوت
آرام آرام بر چهره ی زمان ریخته شد
و آنگاه بنفشه ی عاشق
قصه ی تلخ جدائی را
در گوش زمان زمزمه کرد ....!

و بنیانگرِ عشقی جدید
با دفتری دیگر شد ...!

و بنیانگرِ عشقی جدید

نم نمک

امشب باران نخواهد بارید

چشم پنجره خشک است و

تیره و تار

باید بگریم

باید بگریم

چکیدهٔ قطرات اشک بی قرارم را

بر قلب پنجره آویزان کنم

شاید باد از راه برسد

تا اشک هایم را بر پنجره به ترنم بخواند

آسمان از قاب چوبی خود بِدر شود

ابرها را نقاشی کند

قبل از اینکه آفتاب بدمد ،

نم نمکی باران بزند .!

زلف

آخر این آهوی وحشی از کنارت می‌رود
تا زنی پلکی به هم فصل بهارت می‌رود

از هجوم بی کسی در غربتی بی انتها
ناگهان صبر از دل دیوانه وارت می رود

می رود عمرت هَدر در کاروان زندگی
می بخور ساغر شکن از دل قرارت می رود

خیز مستی کن تو فریادی بزن پروا مکن
تا زنی شانه به زلفت غمگسارت می رود

گر که میخانه شب وُ روزی به رویت وا نشد
فکرِ فرداها مکن جانم که یارت می رود ...!

بی تو

آنچه به یاد مانده است
تُرنج خاطراتش
عاشق تر از همیشه

دیوانهٔ بی قرارش
هم مسلکِ ساحل
مجنون تر اَز امواج
طی می کنم راه را
چشم دوخته ام
به دریا
به دیدنش دوباره !

در ساحلِ نبودش
هر جا که ریخته اشکم
قطره شده یک دریا
چگونه بایدم رفت ؟
تا انتهای موج ها
جائی که آبش شیرین
با پریانِ زیبا
بی تو قدم زدن را !؟.

هلهله

سحر چون شبنمی
از بستر برگ ها بر روی گل ها
می غلتید
در مرز نگاه من به هر سو

واژه های باران خورده و نمناک
در تمنای سر آغاز سرودی در دل
همچون رودی جوشان
با صد خاطره ی ساقه ی سبز دیدار
در موج نوازش های نسیم و
عبور ظریفِ احساس
با طنین تپش های صبح
قدم بر می داشت .

پرنده ای به پرواز
از میله های قفسی در باز
با آواز
بشارت صبح سپید را
خندان خبر می داد
عطر پونه ها همه جا گسترده
از سَرِ مهر

در نفسِ ادراک زمان .

صبح بود و سپیده بیدار
از دره ی خاموشی خواب ،
من و دشتِ بنفشِ واژه ها
که همه عشق بود وُ نسیم وُ شبنم
از سرودن شعری تازه
با سبدی از لحظه ها پُر بار
از هلهله ی شادی سرشار ....!

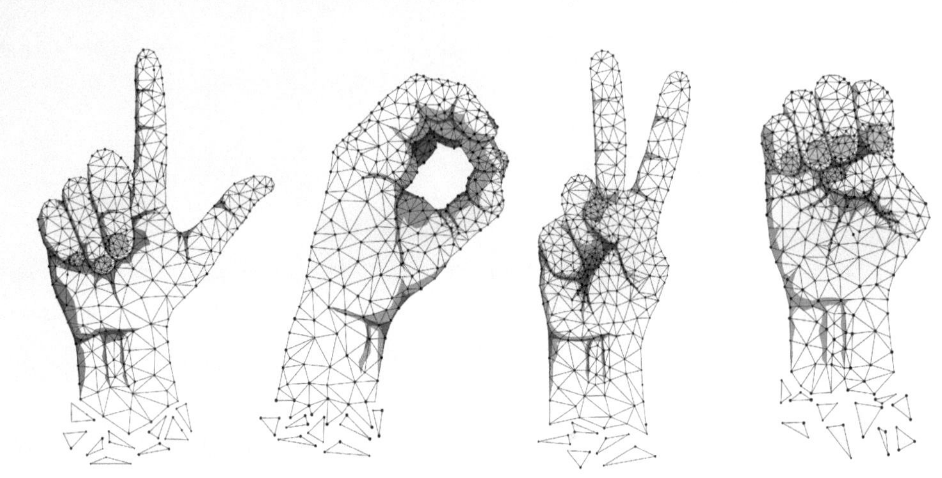

مرهم

پُشت دیوارِ سکوت
در رگم می کوبد
ضربان نبضش
پُر توان و بیتاب

گویی دارد سخنی
که بگوید با من
با زبانِ انگشت
حرکتِ سایه ی دست
مشتی ابهام و سؤال .

شب سیاه هست و غمین
همه جا پرده فکنده مِه سنگین وزنی
آسمان تا به زمین

جلوه از عشق و محبت دارد
ریتم و آهنگ خوشِ ضربه ها بر دیوار
کاش می دانستم
که چه می گوید او
مرهمی بر زخمِ دلش باشم
کاش می شد

که جوابی داشتم
بر دلِ نازک وُ پُر وحشت او
کاش می شد
به تصور آرَم
قالب دل با واژه ی عشق را با حرکاتِ دستم
رویان وُ روان
و بگویم: نَهراس
این طرف، پشتِ دیوار هم
کسی چون تو، تنهاست وُ
بگرفته دل است وُ نمی داند
* "در اندرون منِ خسته دل ندانم کیست
که من خموشم و او در فغان و در غوغاست"

* پ. ن:
حافظِ شیرازی

بوم دل

در سایه روشنی نمناک
ستاره ها

در پنهان ابر

گیسوان شب رها

در دست باد

آبشارِ مستِ خیال

گیج و مدهوش

در کوچه پس کوچه های انتظار

وَ ناز بارشِ ابری

که هوس انگیز می چکید

از چشمانِ آسمان

در مسیرِ سبزه زاران

زلال زمزمه ی بهارِ عشق وُ شیدایی را .

شکوفه در خواب به گُل نشسته وُ

پرنده به آواز

در سیراب چشمانِ پُر شکوهِ باغ

هر آنچه که بوده است از نبودها
هر آنچه که هست از بودن ها
از موجِ سبز امید
آنجا کَه می گذرد سایه ی حیات
از لحظه های اشتیاق
نقش قطره های شفافِ نگاهت بود
بر بوم دلم
رو بسوی عشق
بر چهره ی زندگی ...!

دروغ

هیچ می دانی ؟
پس از آن تیره شبِ سردِ غمین
شعله ی داغِ دروغ
ذوق و شوق همه ی زندگیم را سوزاند

در سرا پرده ی دل
همچو گنجی به فروغ !

گُلی از شاخه جدا ، غلتان
بر سینه ی رود
می رود آشفته ، ناله کنان
در آبِ روان .

سایه افکند چو ابری
حبابِ غنچه ی اشک
لرزان در پرده ی چشم
پنهان شده در بالینم
گویی آن هُرم دروغ
چون اخگرِ سوزان ، زیر خاکسترِ سرد
سوخته آرام ، آرام
یک شبه از ریشه ، همه ی برگ و برم

نه تو ماندی و نه من ، پا بر جا
هیچ میدانی ؟
در وادی عشق ...!

مشق

روحِ قلمم را دزدید
تیک تاکِ ساعت
در شبِ دَلتنگی ها
که به پرواز بال گشوده بود

به سرزمینِ خسته دلان
در تاریکی !
خواب را بهانه ای بود
پس از شِکوه ها وُ گریه های دل
به انتظارِ صبح ،
تیک تاک ها را از بَر می خواند
به الفبای عشق
در مشقِ شبانه ی خود ،
دلِ بیدارم !

کدام چشمِ تاریک بود که مرا می نگریست ؟
و از عمقِ کدامین چشم سیاه وُ تیره
دودِ نفرت بر می خیزید وُ بس
در شبی که تیک تاکِ نَفس در بند بود !
تو !
ای ابلیس پلید

که نامت ترس بود وُ تنها برای ترس ،
کنون !
مشقم را با سرود پرندگان
و بوی نسیمی که از دور دست ها
می وَزد
آغاز می کنم ...!

نیلوفر

وقتی پروازِ خیالم به هوایت پَر می کشد
یادت چون رویایی می روید

در سبزه زارِ دلم .

به صدای پرندگان است که نگاهم
در آبیِ آسمان چشم شان
آواز می خواند
هنگامی که از سبدِ دست هایم
چینه بَر می چینند !

نسیم از هر طرف می تراود
وزشی بر تار و پود خاک می گذرد
گلی می روید
گلبرگ هایش بهاری و خوشبو
در رگ های خاطرش ، چون نیلوفران
پیچان و رویان
بر لحظه لحظه های تهی اَم
نفس می کِشند ..!

گل دریا

پَر کشیدن بر چشم انداز رقص درختان
از تکاندن رنگین کمانِ رنگِ برگ ها
در نسیمِ هوایی پاک ،
تصور شنیدن ملودی هوسناک

از خش خشِ برگ ها به زیر پا
سراسیمگیِ نیازِ دل به رفتن و نماندن
گام برداشتن در امتداد ساکتِ ساحل
تا آنجا که منحنیِ افکار در شتابِ امواج
رَخت بر می کَند
در قدم های بلند وُ بی پروا .
پیکرِ موج دار دریا
شکوفه ریزان ، لمس کنان
می نشیند در روح وُ جان .
کنون گلِ دریاست که می روید در من
به سرخیِ شعله ها
با شاپرکِ بال های تصور ...!

شیدایی

از دوری تو ترسم ، دیوانه شوم روزی
بی خود ز خودم با خود ، بیگانه شوم روزی

نگرفته که پیمانه ، از دست تو مستانه
ساکن که به میخانه ، بی خانه شوم روزی

بی شمع شب اَت خاموش ، در تَنگِ دلم تاریك
از عشق تو خاكستر ، پروانه شوم روزی

آواره به دنبالت ، در كوه وُ بیابان ها
بر خود كه خراب آیم ، ویرانه شوم روزی

در كوچه ی شیدایی ، شهره كه به رسوایی
ترسم كه ز تنهایی ، افسانه شوم روزی ...!

یادگار

من وُ این کالبد کهنه
با دستانش میخکوب
بر صلیب خویش مصلوب
پشت داده به مِجمرِ خورشید

سیاه ریخته اَش سایه
بر سنگَفرش زمین
در انتظارِ گلی ست از باغ
تا چشم گَشاید با ناز از خواب !
تنیده تار پُشت پلکهایش
عنکبوت ،
بی خبر از حلقه اشک های یخ زده ی
مژگانش

گوشه ای دیگر
دفتریست
که ورق می خورد با دست های نسیم
خشکیده گُل هایی به یادگار
از خاطراتِ باران خورده ی دیدار
یادمانی در لابلایِ دفترِ نیمه باز ....!

پرواز

نگاهم بر افق
بر نورهای زاده از گرما

دست بر خورشید

بس بلندش مهر

بر زمین و کوه

بر دریا

خورده لب هایش تَرک از تشنگی -

سر تا به سر صحرا . !

می روم تنهای تنها

تا بجویم من جهانِ دیگری

از عشق ... لبریزش

از حریم ابر

فوج هایی از کبوتر

می زند پَر

بال و پَر افشان

تا بلندِ آستانِ عشق

در دلِ خورشید فردا

جاودان ... تابان ...!